Apóstolo Samuel Cameroun

Há um Senhor!

Apóstolo Samuel Cameroun

Há um Senhor!

Efésios 4: 4 - 6

CREDO EDICIONES

Imprint
Any brand names and product names mentioned in this book are subject to trademark, brand or patent protection and are trademarks or registered trademarks of their respective holders. The use of brand names, product names, common names, trade names, product descriptions etc. even without a particular marking in this work is in no way to be construed to mean that such names may be regarded as unrestricted in respect of trademark and brand protection legislation and could thus be used by anyone.

Cover image: www.ingimage.com

Publisher:
CREDO EDICIONES
ist ein Imprint der / is a trademark of
International Book Market Service Ltd., member of OmniScriptum Publishing Group
17 Meldrum Street, Beau Bassin 71504, Mauritius
Printed at: see last page
ISBN: 978-613-4-89218-6

Décimo Quinto Estudo Bíblico/ 27

HÁ UM SENHOR!

Para VOCÊ!

Este estudo bíblico, "***Há um Senhor!***" Figura em um subconjunto da coleção de uma série de sete mensagens doutrinárias básicas inseparáveis. Eles são tirados de *Efésios 4: 4-6,* juntando-se assim a *Provérbios 9: 1, "A sabedoria edificou a sua casa; ela cortou as suas sete colunas".* " As sete colunas, que constituem os sete pilares das Escrituras doutrinais para a Igreja dos Cristãos. Ninguém, então, pode pertencer a Cristo sem ter aceitado esses sete pilares como suportes da verdade divina que é a Igreja! _ _

Gostaríamos de lembrar que toda esta coleção é intitulada "***Deixe o leitor prestar atenção!*** Outro " **Boas notícias!** ". Esta coleção consiste em 20 estudos bíblicos adicionais, que a complementam. Todos esses estudos bíblicos foram planejados para o seu crescimento espiritual e edificação!

Para VOCÊ! ***"A paz de Deus por dentro, a alegria de Cristo por fora... "***

Coleção de séries cristãs:
'' O QUE FAZER AVISO! ''
(Mateus 24:15)

No curso de nossa caminhada espiritual, abordaremos os fundamentos da sã doutrina cristã, que é seu pilar e suporte da verdade. De acordo com o apóstolo Paulo, encorajando seu fiel companheiro em 1 Timóteo 3: 14-15, ele escreveu: " *Eu te escrevo estas coisas, esperando chegar até você, mas para que você saiba, se eu demorar, como devemos nos comportar na casa de Deus, que é a Igreja do Deus vivo, coluna e sustentáculo da verdade.* " Seguindo o apóstolo Paulo, os estudos desta série irão, ao longo, ligar os temas bíblicos, a doutrina e os da profecia, porque Jesus Cristo exorta fraternalmente a Igreja que é `` Um membro de seu Corpo está sempre presente com sua família. Para isso, os ensinamentos desta coleção serão baseados principalmente nos livros conjuntos do Apocalipse (Apocalipse), justapostos com o de Daniel, para confirmar esta boa nova da mensagem do evangelho. Visto que, no final dos séculos, a doutrina evangélica, os dez mandamentos de Moisés e a profecia foram preciosamente recomendados aos cristãos autênticos, para servirem de bússola nas trevas de na escuridão do mal. Isso se deve ao espírito de perplexidade que levou à apostasia doutrinária, agora muito popular, entre todas aquelas comunidades cristãs que afirmam que a Bíblia chama de " *Babilônia, a Grande, a Mãe dos Proibidos!*" " *Apocalipse 17: 5.*

Portanto, devemos buscar a Deus com todas as nossas forças, nós que somos a geração no final da história deste mundo destinada à sua ruína iminente e eterna! É apenas Jesus, que determinou as condições de sua salvação para qualquer pessoa que sinceramente deseja escapar deixando este mundo ímpio. Porque declara solenemente: " *ninguém pode ir a ele se o Pai não o atrai...* " No entanto, uma vez que ele vai ao Senhor, saibamos também que Jesus acrescenta: " *ninguém pode vir a Deus sem passar por ele (Jesus)* ". Finalmente, qual é o objetivo da nossa caminhada cristã? E o que é a Igreja de Cristo? pode ser uma organização denominacional? - As assembléias cristãs têm que confiar em alguma agência governamental para provar que são a Igreja de Cristo?

À medida que os verdadeiros cristãos se preparam para enfrentar a pior perseguição da história sagrada, pelo *" 666 "* que em breve condicionará todo homem, - Devem nossas finanças, como os dízimos, ser comprometidas para ganhar o céu? - Cristo ainda está presente nessas denominações chamadas Igrejas? - Quem deve ser o cabeça da Igreja de Cristo? - Como as comunidades cristãs estão sendo construídas atualmente sob o único pastor, Jesus Cristo? - A Igreja de Cristo tem líderes visíveis? - Esta Igreja de Cristo pode manter a corrupção? Nossa salvação pode ser comprometida tão pouco por algumas doutrinas antibíblicas? Que igreja de fato hoje está perfeitamente de acordo com a santa vontade de Cristo revelada na Bíblia?

Por todas essas questões e muitas outras que sem dúvida esquecemos, a coleção `` *Deixe quem lê, preste atenção* ", oferece exclusivamente respostas bíblicas simples e bastante completas de acordo com cada assunto abordado. As respostas a estas questões anteriores da enunciação, digamos assim, só serão dadas aos corações humildes, por isso esta série cristã " *Cuidado com quem lê*", é uma série de mensagens vivas. Eles foram elaborados com as necessidades espirituais de nossa geração em mente, especialmente as profecias de que a Bíblia, por meio da revelação e do ensino doutrinário de Cristo, dos apóstolos e profetas da antiguidade, nos convida a pesquisar dia e noite sem descanso. numa vida de oração, o seu cumprimento, a fim de nos dar a força para estarmos diante do Filho de Deus no último dia. Aqui está a promessa de Cristo à sua Igreja: " *Àquele que vencer e* cumprir as *minhas obras até ao fim, darei autoridade sobre as nações.* » *Apocalipse 2:26*

NB: Salvo indicação em contrário, as referências bíblicas citadas nos estudos são retiradas da versão das Sagradas Escrituras (Louis Second). E para cada tópico, você pode consultar o resumo nas páginas **37** e **39.** Pela indicação ordinal (pergunta-resposta), qualquer reação em particular poderia provocar um atendimento bíblico e/ ou comunitário personalizado, por menor que seja, seja manifestado em nosso site, por telefone do WhatsApp ou em nosso endereço de e-mail marcado no parte inferior de cada página.

Desta forma, a Igreja apresenta-lhes uma série de *" 27 estudos bíblicos "*, complementando o maior número de mensagens de vídeo e áudio em uma versão eletrônica que pode ser baixada do site *www Christians-Église.org.* Tudo isso por igual número de brochuras, que serão oferecidas gradativamente, à medida que o

Senhor Javé Deus provê com misericórdia e graça em Jesus Cristo!

Toda esta coleção é oferecida gratuitamente, a fim de respeitar o espírito de Cristo que nos recomendou doá-la, já que a recebemos gratuitamente:

ENTÃO NINGUÉM DEVE VENDER ESTA PALAVRA DE DEUS!

Mas primeiro, o convidamos a receber a carta do autor escrita para seus leitores. Esta carta pode servir como um roteiro e um guia educacional. No entanto, nunca é cristão acreditar que nosso Senhor agirá de forma idêntica em todos os casos, durante o seu crescimento espiritual ou no ministério pastoral da evangelização através de você. Por isso, mais uma vez, o convidamos a ficar atento à sua voz espiritual, através do canal infalível que a leitura assídua de sua palavra, a Bíblia, representa para todos.

CARTA DE ENCORAJAMENTO DO AUTOR, PARA VOCÊ!

Irmãos e irmãs, que a paz de Deus, que excede todo o entendimento, mantenha seus pensamentos em Jesus Cristo. "

Acolher, levando com a Igreja, o pequeno caminho estreito que conduz à eternidade, e do qual só o Filho de Deus é Guia e Pastor Soberano...

Primeiro, nós o aconselharemos durante seu estudo da Bíblia a criticar o significado das doutrinas às quais essas letras sagradas abordarão. Nisto, você seguirá as recomendações dos apóstolos de acordo com Atos 17:11. *" Esses judeus tinham sentimentos mais nobres do que os de Salônica; Eles receberam a palavra com grande entusiasmo e examinaram as escrituras todos os dias para ver se o que lhes era dito estava correto. "*

Conforme você cresce como cristão, leia sua Bíblia regularmente. Ouça o Espírito Santo. Compartilhe essa riqueza com outras pessoas. Seja generoso, especialmente com aqueles ao seu redor. Aprenda como encorajar iniciativas de estudos comunitários. Ponha à prova aqueles que, em espírito de crítica vã, o acusarão de ser um sectário. Lute sem se distrair com os inimigos de sua alma. Simplifique sua vida cristã. Ajude os pobres em sua vizinhança, começando pelos membros de sua família. Envolva-se em campanhas evangelísticas públicas. Explore todos os nichos de comunicação e divulgue as boas novas como semeadores de vida!

Não ignore ninguém em suas orações. Invoque o favor de Yahweh Deus para aqueles que te ouvem, mas também para aqueles que irão resistir a você. " Não tenha inimigos... viva em paz com todos... e esteja em perfeita harmonia... " com toda a Igreja de Cristo local no país, cidade ou distrito de sua residência.

Irmãos e irmãs, " fujam do pecado " e " sejam santos " porque " nosso Deus é santo. " E agradeço a Deus por ter salvado e enviado ", constantemente e canções espirituais Cantam sob a inspiração de seu Espírito. "

Já que você " recebeu de graça ", não quebre essa cadeia de solidariedade! Com os novos discípulos, comece apresentando o evangelho e, a seguir, trate das questões doutrinárias com base em seu público e em suas necessidades espirituais. Você poderá escolher os temas que

mais lhe convierem, obedecendo à voz do Espírito Santo. E como o " eunuco etíope " você deve saber que Cristo se juntará a eles no caminho quando você se der ao trabalho de ensiná-lo, especialmente para os jovens. Dai-vos aos vossos irmãos cristãos " como oferta a Deus ", porque " a colheita é grande, mas poucos os trabalhadores. " Além disso, lembre-se da promessa de Cristo na parábola dos " obreiros da última
hora "

Assim, " nossa alegria será perfeita " sabendo que estão a caminho da pátria celestial, sendo filhos de Deus e servos de Cristo, se aprenderam que " não há maior amor do que dar a vida por aqueles que nós amor. " amor ". Assim como " há mais alegria em dar do que em receber "

Por fim, regozije-se, esperando por nosso Salvador Jesus, que " não se esquecerá de sua participação na propagação do evangelho e na mensagem da verdade ". Não tema nada a não ser o próprio Deus. E então, muito rapidamente, conte-nos sobre o seu testemunho: dons que o Espírito Santo terá dado a você, com vista a aperfeiçoar o corpo de Cristo. " Seja abençoado em todos os sentidos! "

Por isso, " ***AMADO*** *", receba estes estudos bíblicos como um presente do Senhor Jesus, transmitidos pelo ministério de evangelização da sua Igreja nos Camarões, pelo seu devoto servo e modesto irmão africano, que deseja recordar que Yahwéh Dieu, através da sua Filho Jesus Cristo, te ama com Amor Eterno. Também creia em nossa devotada afeição fraterna, por meio do avanço do Espírito Santo. Amém.*

NB: *No final do estudo bíblico, após este título, você encontrará os diferentes temas propostos na coleção de estudos bíblicos "***Cuidado com quem lê***". Lembramos aos leitores que esta série de estudos bíblicos cristãos está disponível gratuitamente para sua visualização em www.chrétiens-Église.org*

CAMARÕES SAMUEL, Apóstolo do SENHOR JESUS CRISTO.

cameroununsamuel@gmail.com Tel + 237 690600469 ou + 237 679647767

HÁ UM SENHOR!

Ef 4: 4 - 6

Texto introdutório

Provérbio 8: 22-36

" A primeira de suas obras o Senhor criou para mim, antes de suas obras mais antigas. Estou estabelecido desde a eternidade, desde o princípio, antes da origem da terra. Eu nasci quando não havia abismos, Não havia fontes carregadas de água; Antes que as montanhas fossem estabelecidas, Antes que as colinas existissem, eu nasci; Ele ainda não tinha feito a terra, nem os campos, nem o primeiro átomo de pó do mundo. Quando ele arrumou os céus, eu estava lá; Quando ele traçou um círculo na face do abismo, quando fixou as nuvens acima, e as fontes do abismo explodiram com força, quando ele deu um limite ao mar, para que as águas não cruzassem seus limites. Quando ele lançou os alicerces da terra, eu estava trabalhando ao seu lado e deleitando-o todos os dias, brincando incessantemente em sua presença, brincando no globo terrestre e encontrando minha felicidade entre os filhos do homem. E

agora, meus filhos, escutem-me, E felizes aqueles que observam os meus caminhos! Ouça a instrução, para se tornar sábio, não a rejeite. Feliz é o homem que me escuta, que vigia as minhas portas todos os dias e que vigia os postes! Porque quem me encontra encontra a vida e ganha a graça do Senhor. Mas todo aquele que peca contra mim faz mal à sua alma; Todo mundo que me odeia ama a morte. "

INTRODUÇÃO

Se alguma vez a primeira lição intitulada "A Unção do Santo dos Santos" recebeu muita atenção dos eventos anteriores ao nascimento do Filho de Deus, estudamos o impacto dessa unção de Cristo por meio de João no Jordão 490 AEC, exatamente como anunciado, e foi publicamente manifestado a Israel em 30 DC. A voz do Pai o reconheceu publicamente diante de toda a nação judaica como o Messias. E a unção do Espírito Santo que João viu descer e repousar sobre Ele como um sinal de Sua autoridade única como Filho de Deus, marcou o início dos últimos dias na Bíblia.

Em outra aula dedicada exclusivamente ao assunto, demonstramos a importância do Batismo para todos os crentes, como indispensável e como porta de entrada para o reino de Deus. Visto que o Espírito Santo na forma de uma pomba que pousou sobre Jesus foi o cumprimento das

Escrituras: Atos 2:17 " *Nos últimos dias, diz Deus, derramarei o meu Espírito sobre toda a carne; Seus filhos e filhas profetizarão, seus jovens terão visões e seus velhos terão sonhos.* " Do Filho de Deus sempre foi, Jesus teve que receber a unção do Espírito Santo após o batismo de João para se tornar o Messias, o Cristo. Desde então, é Dele, que através do Batismo em Seu Nome, que todos os Cristãos. são nascidos espiritualmente em Deus Ao Sami João disse: " *Eu os batizo com água, para levá-los*
ao objetivo do arrependimento. Aquele que vem depois é mais poderoso do que eu, e não sou digno de usar Seus sapatos. Ele vai fazer isso. seja batizado com o Espírito Santo e fogo. " Mateus 3:11

Outro significado do batismo de Jesus era sua morte sacrificial, simbolicamente implícita nos termos " *batismo de fogo* ".

1. O QUE JESUS DEVE SABER DURANTE SUA MISSÃO NA TERRA?

Marcos 15: 37-38

" *Mas Jesus, e deu um grande grito, expirou. O véu do templo rasgou-se em dois, de alto a baixo* ". Ao rasgar o véu, Deus estava mostrando que os serviços do santuário terrestre logo cessariam. Hebreus 9: 8 diz: " *O Espírito Santo assim mostrou que o caminho para o lugar santíssimo ainda não estava aberto, enquanto o primeiro tabernáculo permanecia".* " Agora, Jesus é anunciado por todos esses serviços. 1 Coríntios 5: 7 " *Porque Cristo, nossa Páscoa, foi morto.* " E o livro profético de Apocalipse 5: 6 - 14 " *E eu vi, no meio do trono e os quatro seres vivos e entre os mais velhos, um cordeiro que ali foi morto, que tinha sete chifres e sete olhos, que são os sete espíritos de Deus enviados por toda a terra.*

2. Quem é nosso sumo sacerdote agora?

Hebreus 8: 1 - 2 " O que acaba de ser dito é que temos um tal sumo sacerdote, que se assentou à direita do trono da divina majestade no céu como ministro. do santuário e do verdadeiro tabernáculo, que foi estabelecido pelo Senhor e não pelo homem. " E Hebreus 9: 24 diz: " Porque Cristo não entrou em um santuário feito de mãos, uma figura do verdadeiro, Ele mesmo objetivo no céu, para APARECER agora diante de nós diante de Deus. "

3. Que papel você está desempenhando atualmente no céu na presença de Deus, como Sumo Sacerdote?

No Antigo Testamento, os homens só podiam se aproximar de Deus por meio de um sacerdote. Jesus mudou isso. " *Ele fez de todos nós um povo de* ***sacerdotes*** *de* ***profetas*** *e* ***reis.*** " Para que possamos abordá-lo diretamente. Isso é magnífico, não é?

Muitas vezes o Apocalipse se refere a Jesus como um " *Cordeiro* ". Como disse João Batista, " *Jesus é o Cordeiro de Deus que tira o pecado do mundo " João 1:29.* No Antigo Testamento, cordeiros eram sacrificados quando as pessoas pecavam. Esses cordeiros prefiguravam Jesus, o Cordeiro de Deus, que tomou nosso lugar na cruz e morreu por nossos pecados. Jesus nos garante a vida eterna, e essa vida se encontra no **Livro** da **Vida.** Porque lemos em Apocalipse *"O que vencer será vestido de vestes brancas; Não vou apagar o seu nome do livro da vida, e vou confessar o seu nome diante de meu Pai e diante de seus anjos. "Apocalipse 3: 5.* Então Jesus. Está relacionada com aqueles que são salvos do pecado através da fé nEle pelo novo nascimento Quando nós aceitar a Jesus como Salvador, nosso nome está inscrito no livro importante da vida. Esses livros são apenas mencionados em conexão com a sentença. É por isso que é tão importante colocar nossa vida nas mãos de Jesus. Então ele poderá nos representar no dia do julgamento de Deus, porque sendo o único Salvador do mundo, ele se torna acima tudo por nós que cremos Nele, *" O Senhor dos senhores e Rei dos* *reis!* "

Mas porque o presente estudo bíblico intitulado "HÁ UM SENHOR " trata do senhorio de Cristo, nós, como é costume entre os cristãos, questionaremos exclusivamente a Bíblia. Porque é reconhecida por nós como "A Palavra de Deus".

Antes de seus discípulos, Jesus fez a mesma pergunta, a saber:

4. " Quem dizem que eu sou o Filho do Homem? " Mateus 16:13

Vamos ouvir as respostas menos surpreendentes para nossa geração em busca de novidades!: " *Eles responderam: Alguns dizem que você é João Batista; os outros, Elijah; os outros, Jeremias ou um dos profetas.* "

Eles começaram a citar homens: " *Jeremias, João Batista, Elias...* " Ninguém mencionou um nome ou uma doutrina que colocasse Jesus como homem e profeta em excesso de altura! A Bíblia não menciona jargões teológicos sofisticados como "Deus em UM", "Deus em forma humana", "Segunda Pessoa da Trindade" e assim por diante. Títulos em que a Bíblia em nenhum lugar menciona a existência, além disso!

A esta pergunta simples de Jesus aos apóstolos sobre sua identidade: *" E vocês", disse ele, "quem vocês dizem que eu sou? "*

Quanto à nossa geração atual, o que teria dado respostas dispersas, especialmente porque existem centenas de milhares de doutrinas diversas, centenas de milhares de denominações únicas, centenas de milhares de correntes eclesiásticas cada vez mais opostas umas às outras?

Mas se a resposta à pergunta de Jesus veio de uma reflexão pessoal e individual, qual seria a resposta dele **para VOCÊ?**

Vamos reformular de outra forma, tendo em mente que você não foi fisicamente questionado por Jesus, nem nós. Mas a Palavra dada a quem nela crê e nela recebeu, o nosso espírito segundo estas sagradas escrituras, permite-nos dizer que espiritualmente podemos afirmar que já conhecíamos a Cristo. E considerando as potencialmente diferentes doutrinas religiosas e correntes de sua cultura ou ambiente de vida, aqui está a mesma pergunta reformulada de uma maneira diferente:

5. O que Jesus ensinou a você?

6. Então, **qual Jesus você conhece das Sagradas Escrituras, por favor?**

À primeira vista, a palavra "Senhor" era sinônimo de senhor nos tempos bíblicos. Mas para a fé cristã, quais são as implicações da palavra SENHOR, permanecendo na medida do respeito pela sã doutrina de Cristo e dos apóstolos? E muito mais, qual seria o alcance dessa palavra, considerada em uma doutrina "HÁ UM SENHOR"? _ _ _

Lembramos que o presente estudo bíblico aparece em um subconjunto de uma série de sete mensagens doutrinárias cristãs inseparáveis em uma coleção de ensinos *Provérbios 9: 1 "A sabedoria edificou a sua casa, ela esculpiu suas sete colunas. "* A coleção inteira é intitulada **" Aquele que lê o aviso de Fasse! "** E está entre 27 outros estudos bíblicos, todos projetados para o seu crescimento espiritual e iluminação.

ENSINAMENTOS VERDADEIROS E FALSOS SOBRE JESUS

7. Qual foi o risco durante a vida de Jesus na doutrina de sua natureza? *1 João 4: 1*

" Amado, não tenha fé em todos os espíritos; mas teste os espíritos, se eles são de Deus, porque muitos falsos profetas vieram ao mundo. Reconheça o Espírito de Deus por isto: todo espírito que confessa que Jesus Cristo veio em carne é de Deus; e todo espírito que não confessa a Jesus não é de Deus, é a do anticristo, cujo advento de ter ouvido, que é agora já no mundo. "

8. De quem vem o ensino de Jesus Cristo, o homem?

1 João 4: 4

" Vocês, netos, são de Deus e os venceram, porque aquele que está em vocês é maior do que aquele que está no mundo. Eles são do mundo; portanto, eles

falam de acordo com o mundo, e o mundo os ouve. "

9. Como são reconhecidos os que pertencem a Deus?

1 João 4: 6

" Nós somos de Deus; Aquele que conhece a Deus nos ouve; quem não é de Deus não nos ouve: por isso conhecemos o espírito da verdade e o espírito do erro. "

10. Quando o ensino de outro Jesus iria aparecer? 1 João 2:18

" Filhinhos, esta é a última hora, e desde que vocês ouviram que um anticristo está chegando, agora existem vários anticristos: por isso sabemos que é a última hora. "

11. Quais qualificadores são atribuídos a eles? 2 João 7

" Porque muitos enganadores entraram no mundo, os quais não confessam que Jesus Cristo veio em carne."

12. Como enganadores, quem foi o mentor de seus ensinamentos? 2 João 7

Aquele que é assim é o sedutor e o anticristo. Cuidem-se, não para perder o fruto do seu trabalho, mas para receberem uma recompensa plena. Quem vai mais longe e não permanece na doutrina de Cristo, não tem

Deus; quem segue esta doutrina tem o Pai e o Filho. "

13. Devemos recebê-los, especialmente em nosso lar? 2 João 7

" *Se alguém vier até você e não levar esta doutrina, não o receba em casa, e não diga: Olá! Para quem diz: Olá! Participe de suas más ações.* "

14. O que significa o termo " *esta doutrina* " referem-se em 2 João 7?

1 Timóteo 2: 5-7

" *Porque só há um Deus e também um só Mediador entre Deus e os homens, Jesus Cristo, o homem, que se deu em resgate por todos. Este é o testemunho dado em seu próprio tempo, e para o qual fui nomeado pregador e apóstolo: Digo a verdade, não minto, instruído a instruir os gentios na fé e na verdade.* "

15. Durante sua vida, que nome Jesus deu a si mesmo?

Mathieu 8: 20

" Jesus respondeu e disse-lhe: As raposas têm covis e as aves do céu têm ninhos; mas o Filho do Homem não tem onde reclinar a cabeça. "

16. Quantas vezes esse nome é chamado de "filho do homem" na Bíblia?

Nota: No Novo Testamento, apenas o termo filho do homem é usado pelo menos 90 vezes pelo próprio Jesus ou por essas testemunhas. Portanto, devemos entender o quanto Jesus Cristo desejava que aqueles que crêem nele não o confundissem em sua natureza ao vir à terra.

GÊNESE E SENHORIO DO FILHO DE DEUS

17. Como entender esse poder que é mostrado no Filho de Deus? João 1: 1

" Todas as coisas foram feitas por ela, e nada do que foi feito foi feito sem ela. Nela estava a vida, e a vida era a luz dos homens. "

18. Mas de que natureza era inicialmente antes de aparecer perante os homens? Provérbio 8: 1-22

" O Senhor criou para mim a primeira de suas obras, antes de suas obras mais antigas. Estou estabelecido desde a eternidade, desde o princípio, antes da origem da terra. "

19. Jesus nasceu? Você conheceu um começo? Uma criação comum a todos os seres? Provérbio 8: 1-22

" *Eu nasci quando não havia abismos, nem nascentes carregadas de água* "

20. Eles existiam antes da criação da Terra, especialmente as montanhas? Provérbio 8: 1-22

" *Antes que as montanhas fossem estabelecidas, antes que as colinas existissem, eu nasci; Ele ainda não tinha feito a terra, nem os campos, nem o primeiro átomo de pó do mundo.* "

21. Jesus existia antes da criação do céu? Provérbio 8: 1-22

" *Quando ele preparou os céus, eu estava lá; Quando ele traçou um círculo na face do abismo, quando fixou as nuvens acima, e as fontes do abismo explodiram com força, quando ele deu um limite ao mar, para que as águas não cruzassem seus limites., Quando ele lançou as bases da terra* "

22. O que ele estava fazendo com Deus? Provérbio 8: 1-22

" *Eu estava trabalhando com ele* "

23. Como você estava na Terra na presença do Pai Celestial antes da criação do Homem? Provérbio 8: 1-22

" E eu ficava encantado a cada dia, Brincando incessantemente em sua presença, Brincando no globo de sua terra, E encontrando minha felicidade entre os filhos do homem ".

Nota: Por isso, durante a criação, os dois puderam dizer um ao outro: façamos o homem à nossa imagem e semelhança, como relata Gênesis. Gênesis 1: 26-27 *" Então disse Deus: Façamos o homem à nossa imagem, conforme a nossa semelhança, e reine sobre os peixes do mar, as aves do céu e os animais, sobre toda a terra e sobre todos os répteis que existem, eles rastejam no chão. Deus criou o homem à sua imagem, à imagem de Deus o criou, homem e mulher o criou. "*

OS VERDADEIROS FILHOS DE DEUS

24. Como Jesus chama aqueles que lhe obedecem?

Provérbio 8: 1-22

" E agora, meus filhos, ouçam-me, E bem-aventurados os que guardam os meus caminhos! Ouça a instrução, para se tornar sábio, não a rejeite. Feliz é o homem que me escuta, que vigia as minhas portas todos os dias e que vigia os postes! Porque quem me encontra encontra a vida e ganha a graça do Senhor. "

25. Como Jesus se classifica nesta passagem antes de aparecer aos filhos dos homens? *Provérbios 8: 1-21*

" Ele não clama por sabedoria? Não levanta a inteligência de sua voz? É no alto das alturas perto da rodovia, que é na encruzilhada que ela se coloca; Ao lado dos portões, na entrada Do cidade, dentro dos portões, ela grita: Homens, eu clamo a

vocês, E minha voz vai para os filhos dos homens. Estúpidos, aprendam o discernimento; Tolos, aprendam a inteligência. Escutem, porque eu tenho grandes coisas a dizer, E meus lábios são abertos para ensinar a justiça. Pois minha boca proclama a verdade, e meus lábios odeiam mentiras; Todas as palavras de minha boca são justas; elas não têm nada de falso ou enganoso; Elas são todas claras para os inteligentes, E diretas para aqueles que descobriram conhecimento. Prefiro minhas instruções à prata, e a ciência ao ouro mais precioso; a sabedoria é melhor do que as pérolas, é mais valiosa do que todas as coisas caras. Eu, a sabedoria, tenho o discernimento púrpura e possuo a ciência da reflexão. o temer r do Senhor é o ódio ao mal; a arrogância e o orgulho, o caminho do mal e a maldade, é isso que eu odeio. Conselho e sucesso são meus; Eu sou inteligência, a força é minha. Por mim reinam os reis, e os príncipes decretam justiça; Por mim governam os governantes, os grandes, todos os juízes da terra. Amo quem me ama, E quem me procura, me encontre. Comigo estão os ricos e a glória, os bens duráveis e a justiça. O meu fruto é melhor do que o ouro, do que o ouro puro, e a minha produção é melhor do que a prata. Caminho pelo caminho da justiça, no meio dos caminhos da justiça, para dar bens a quem me ama e encher os seus tesouros. " Jó 28: 27" Então ele viu a sabedoria e a manifestou, lançou o fundamento e o pôs à prova. "

26. Que riscos correm aqueles que não dão ouvidos a esta doutrina de Jesus Cristo o Homem? *Provérbio 8: 1-22*

" Mas todo aquele que peca contra mim faz mal à sua alma; Todo mundo que me odeia ama a morte. "

Nota: Não esquecendo especialmente as consequências sofridas por todos aqueles que se recusam a receber o verdadeiro ensino de Deus sobre o Salvador que nos enviou! *1 João 4: 1-3 " Amado, não ponhas fé em todos os espíritos; mas teste os espíritos, se eles são de Deus, porque muitos falsos profetas vieram ao mundo. Reconheça o Espírito de Deus assim: todo espírito que confessa que Jesus Cristo veio em carne é de Deus; e todo espírito que não confessa a*

Jesus não é de Deus, é do anticristo, cuja vinda ouvistes e que já está no mundo. "

27. Qual seria a identidade desse Anticristo anunciada na passagem anterior? *1 João 4: 1-3*
" É a do anticristo, cuja vinda ouvistes e que já está no mundo. "

Nota: Para entender completamente o que está em jogo neste ensino, recomendamos enfaticamente que você estude as lições anteriores que tratam das questões relacionadas ao aviso dado aqui sobre o Anticristo. Veja neste tópico nesta série de estudos bíblicos: *lição N ° 03 " O SINAL DA BESTA, O " 666 " NA BÍBLIA E O FIM DO MUNDO ".*
E a lição N ° 04 `` O SINAL DA BESTA, O (666) REVELADO. "

28. E quais serão os riscos que o ser humano enfrentará?
Apocalipse 13: 16-18
" E ele fez com que todos, pequenos e grandes, ricos e pobres, livres e escravos, recebessem uma

marca na mão direita ou na testa, e que ninguém pudesse comprar ou vender, sem ter a marca, o nome da besta. Ou o nome da besta. Número de seu nome. Aqui está a sabedoria. Que quem tem, calcule o número da besta. Porque é o número de um homem, e seu número é seiscentos e sessenta e seis. "

29. Que ensinamentos foram ensinados nas igrejas quando Paulo pregou o evangelho? 1 Timóteo 2: 4-5

" Porque só há um Deus e também um só Mediador entre Deus e os homens, Jesus Cristo, o homem, que se deu em resgate por todos. Este é o testemunho dado em seu próprio tempo, e para o qual fui nomeado pregador e apóstolo: Digo a verdade, não minto, instruído a instruir os gentios na fé e na verdade. "

30. Os demônios sabem da existência de apenas um Deus? Tiago 2:19

" Você acredita que só existe um Deus, você faz isso bem; os demônios também acreditam e tremem. "

31. Quando Jesus ressuscitou, ele ainda estava na forma humana? Lucas 24: 36-41

" Enquanto falavam assim, ele mesmo se colocou entre eles e disse: A paz esteja convosco! Tomados de medo e terror, eles pensaram que viram um espírito. Mas ele lhes disse: Por que vocês estão preocupados e por que esses pensamentos surgem em seus corações? Olhe para minhas mãos e meus pés, sou eu; toque-me e veja: um espírito não tem carne nem ossos, como você vê que eu tenho. E dizendo isso, ele lhes mostrou suas mãos e pés. Como ainda não acreditavam na sua alegria e ficavam maravilhados, ele disse-lhes: Vocês têm alguma coisa para comer aqui? Eles o presentearam com peixe grelhado e um favo de mel. Ele pegou um pouco e comeu na frente deles. Disse-lhes então: Assim vos disse quando ainda estava convosco, que tudo o que está escrito a meu respeito na lei de Moisés, nos profetas e nos salmos. Então ele abriu suas mentes para que pudessem entender as

escrituras. "

32. Cristo mudou sua natureza desde sua ressurreição?

Hebreus 13: 8

" Jesus Cristo é o mesmo ontem, hoje e sempre. "

33. Sua natureza mudará para a eternidade? *Hebreus 7:24*

" Ele Mas, porque permanece para sempre, tem um sacerdócio que não é transmissível. "

34. Jesus também é um profeta? *Deuteronômio 18:15 - 19*

" O Senhor teu Deus levantará um profeta como eu dentre vocês, dentre seus irmãos; vocês o ouvirão. E ele responderá ao seu pedido que fizeste ao Senhor teu Deus em Horebe no dia da assembleia, quando você disse, eu não escuto a voz do Senhor meu Deus, e que não este grande fogo, para que não morra. O Senhor me disse: eles disseram bem. Eu levantarei para eles um profeta

como você do meio de seus irmãos, e porei as minhas palavras na sua boca, e ele vai falar com eles o que eu pedir _him_. e se alguém não ouvir as minhas palavras que ele vai dizer em meu nome, é o que vou perguntar a conta. "

35. Como esta natureza do homem Cristo se reflete no Novo Testamento? Atos 3: 18-26

" E agora, irmãos, sei que vocês agiram por ignorância, assim como seus líderes. Mas, desta forma, Deus cumpriu o que havia anunciado de antemão pela boca de todos os seus profetas, que seu Cristo iria sofrer. Arrependa-se, então, e converta-se, para que seus pecados sejam apagados, para que cheguem os tempos de refrigério do Senhor e para que ele envie aquele que está destinado a você, Jesus Cristo, a quem o céu receberá até ' com o tempo. da restauração de todas as coisas, das quais Deus falou no passado pela boca de seus santos profetas. Moisés disse: O Senhor teu Deus levantará um profeta como eu dentre seus irmãos; Que Ele vos disser, você vai ouvir, e quem não ouvir este profeta será cortado a partir das pessoas. Todos os profetas que

falaram sucessivamente desde Samuel têm também anunciou que nos dias de hoje. Vós sois os filhos dos profetas e do convênio que Deus fez com nossos pais, dizendo a Abraão: Todas as famílias da terra serão abençoadas em vossos descendentes. A vós primeiro Deus, tendo ressuscitado o seu servo dos mortos, enviou-o para vos abençoar, tornando cada um de vós nas suas iniqüidades. "

36. No entanto, o que dizer da natureza de Deus? Você é considerado um homem nas Sagradas Escrituras? Trabalho 9:32

" Ele não é um homem como eu, então posso respondê-lo, para que possamos ir ao tribunal juntos." "

37. Deus, sendo Espírito, como ele deve ser adorado? João 4: 20-24

" Nossos pais adoraram nesta montanha; e você diz, você, que o lugar onde é necessário adorar é em Jerusalém. Mulher, Jesus disse a ela, acredite em mim, está chegando a hora em que você não vai adorar o Pai nem neste monte nem em Jerusalém. Você ama o que não conhece; nós adoramos o que conhecemos, porque a salvação vem dos judeus. Mas está chegando a hora, e já chegou, em que os verdadeiros adoradores adorarão o Pai em espírito e em

verdade; porque esses são os adoradores que o Pai pede. Deus é Espírito, e aqueles que o adoram devem adorá-lo em espírito e em verdade. "

38. Deus revelou uma natureza visível aos homens no passado? Deuteronômio 4:14 - 20

" Naquela época, o Senhor ordenou-me que lhes ensinasse leis e ordenanças, para que as cumprissem na terra da qual iriam tomar posse. Já que você não viu nenhuma figura no dia em que o Senhor falou com você do meio do fogo no Horebe, vigie cuidadosamente suas almas, para não se corromper e se tornar uma imagem esculpida, uma imagem de algum ídolo, a figura de um homem ou mulher, a figura de um animal que está na terra, a figura de um pássaro que voa nos céus, a figura de uma besta que rasteja no chão, a figura de um peixe que vive nas águas abaixo do terra. Cuida da tua alma, lastro, levanta os olhos aos céus e vê o sol, a lua e as estrelas, todo o exército dos céus, e não te deixes prostrar diante deles e adorá-los. Estas são as coisas que o Senhor vosso Deus deu a todos os povos para compartilharem debaixo de todo o céu. Mas você,

o Senhor, te tomou e te tirou da fornalha de ferro do Egito, para ser o seu povo, como você é hoje. "

39. No entanto, o termo "deus" também se aplica a humanos na Bíblia? *Êxodo 7: 1-6*

" O Senhor disse a Moisés: Olha, eu te faço um Deus para Faraó; e seu irmão Aarão será seu profeta. Você, você vai dizer tudo que eu te ordeno; E Arão, teu irmão, falará a Faraó, que deixe os filhos de Israel saírem da sua terra. "

40. Como Deus dá seu nome a outros seres criados?

Êxodo 23: 20-27

" Eis que eu envio um anjo diante de ti, para te proteger no caminho, e apresentá-lo ao lugar que tenho preparado. Seja cuidadoso em sua presença, e ouvir a sua voz; resistir -lhe que não, porque ele não perdoará a vossa pecados, porque meu nome está nele. Mas se você ouvir a voz dele e fizer o que ele diz, serei inimigo de seus inimigos e adversário

de seus adversários. Meu anjo irá adiante de você. e eu o levarei aos amorreus, heteus, perizeus, cananeus, heveus e jebuseus, e eu os destruirei. Não se prostrará diante de seus deuses, nem os servirá; não imitará esses povos em sua conduta, mas os destruirá e esmagará Suas estátuas. Você deve servir ao Senhor, seu Deus, e Ele abençoará seu pão e sua água, e eu removerei doenças de seu meio. Não haverá aborto ou mulher estéril em sua terra. "

41. Deus já se mostrou aos homens em sua natureza?

Deuteronômio 4: 12

" E o Senhor falou-lhes do meio do fogo; Você ouviu o som das palavras, mas não viu nenhuma figura, apenas ouviu uma voz. "

Nota: De acordo com este texto, pode-se acreditar que Deus se dirigiu diretamente ao seu povo!

42. E então? Atos 7: 30-32

" Quarenta anos depois, um anjo apareceu a ele no deserto do Monte Sinai na chama de uma sarça

ardente. Moisés, vendo isso, ficou surpreso com essa aparência; e quando ele se aproximou para examinar, a voz do Senhor foi ouvida: Eu sou o Deus de seus pais, o Deus de Abraão, Isaque e Jacó. E Moisés, tremendo, não se atreveu a olhar. "

43. Um homem pode ver diretamente o Deus da Bíblia?

Êxodo 33:20 " O SENHOR disse: Vocês não verão a minha face, porque os homens não podem me ver e viver. "

Observação:

44. Você já viu Deus, todos aqueles na Bíblia que foram espiritualmente transportados para o céu? *Atos 7: 55 - 56*

Estêvão *" Mas Estêvão, cheio do Espírito Santo e olhando para o céu, viu a glória de Deus e Jesus em pé à direita de Deus. E ele disse: Eis que vejo os céus abertos, e o Filho do Homem em pé à direita de Deus. "*

Observação:

Paulo de Tarso 2 Coríntios 12: 1 - 5 " *Devemos nos gloriar... Isso não é bom. No entanto, vou ter visões e revelações do Senhor. Conheço um homem em Cristo que esteve, quatorze anos atrás, encantado com o terceiro céu (se estava no corpo não sei, se estava fora do corpo não sei, Deus sabe). E eu sei que este homem (quer ele estivesse em seu corpo ou sem seu corpo, eu não sei, Deus sabe) foi levado ao paraíso, e que ele ouviu palavras inefáveis que um homem não pode expressar. Vou me gabar de tal homem, mas de mim mesmo, não vou me gabar, exceto em minhas fraquezas.* "

Observação:

João de Apocalipse 1: 12-18 " *Voltei-me para ver que voz me falava. E depois que me virei, vi sete castiçais de ouro, e no meio dos sete castiçais, alguém que parecia um filho do homem, estava vestindo uma longa túnica e tinha um cinto de ouro em seu peito. Sua cabeça e cabelo eram brancos como lã, brancos como neve; seus olhos eram como uma chama de fogo; seus pés eram como bronze quente, como se ele tivesse sido queimado em uma fornalha; e sua voz era como o som de grandes águas. Ele tinha sete estrelas na mão direita. De sua boca saiu uma espada afiada* *de dois gumes; e seu rosto era como o sol quando brilha em sua força. Quando o vi, caí a seus pés como morta. Ele colocou a mão direita em mim e disse: Não temas! Eu sou o primeiro e o último, e o que está vivo. Eu estava morto; e eis que estou vivo para todo o sempre. Eu tenho as chaves da morte e do inferno.* "

Observação:

Isaías no livro que leva seu nome, referências 6: 1 - 3 " *No ano da morte do rei Uzias, vi o Senhor sentado em um trono muito alto, e as pontas do seu manto encheram o templo. Serafim estava em cima dele; cada um tinha seis asas; dois com os rostos cobertos, dois com os pés cobertos e dois com os que roubaram. Eles clamaram uns aos outros e disseram: Santo, santo, santo é o Senhor dos Exércitos. Toda a terra está cheia de sua glória!* " Isaías 6: 1-3 " *Então eu disse: Ai de mim! Estou perdido porque sou um homem cujos lábios estão imundos; Eu habito no meio de um povo de lábios impuros, e os meus olhos viram o Rei, o Senhor dos exércitos.* "

Observação:

Jeremias também em Jeremias 1: 9 " *Então o Senhor estendeu a mão e tocou minha boca; E o Senhor me disse: Eis que ponho as minhas palavras na tua boca.* "

Observação:

Ezequiel ainda em Ezequiel 1: 26-28 " *Acima do céu que estava sobre suas cabeças havia algo semelhante a uma pedra de safira, em forma de trono; e nesta forma de trono apareceu a figura de um homem colocada em cima dele. Eu ainda vi como bronze polido, como fogo, dentro do qual aquele homem estava, e que irradiava por toda parte; da forma de seus lombos para cima, e da forma de seus rins para baixo, eu vi como fogo e como uma luz brilhante com a qual ele foi cercado. Como o aparecimento do arco na nuvem em um dia chuvoso, assim era o aparecimento da luz brilhante que o circundava: era uma imagem da glória do Senhor. Vendo isso, caí de cara no chão e ouvi a voz de alguém falando.* "

Observação:

45. Porque quem o homem não pode ver a Deus? Êxodo 33: 20

" O Senhor disse: Vocês não verão minha face, porque o homem não pode me ver e viver. "

46. Há apenas um homem que a Bíblia diz que viu Deus? João 6:46

" Isso porque ninguém viu o Pai, senão aquele que vem de Deus; quem viu o pai. "

João 1:18 " Ninguém jamais viu a Deus; o Filho unigênito, que está no seio do Pai, é aquele que o deu a conhecer. "

47. Os apóstolos pediram a Jesus para ver o Pai?

João 14: 8 - 9

" Filipe disse-lhe: Senhor, mostra-nos o Pai, e isso nos basta. Jesus disse-lhe: `` Estou convosco há tanto tempo e não me conhecias, Filipe! Quem me viu, viu o Pai; Como se diz: mostra-nos o Pai? "

O PAI E/ OU O FILHO

48. Como entender o significado dessas palavras de Jesus?

João 10:30 " *Eu e o Pai somos um.* " João 17:22" *Dei-lhes a glória que me deste, para que sejam um como nós* "

49. Por que o Senhor diz " *criamos o homem à nossa imagem e semelhança* "? Provérbio 8: 22-36

" *O Senhor criou para mim a primeira de suas obras, antes de suas obras mais antigas. Estou estabelecido desde a eternidade, desde o princípio, antes da origem da terra. Eu nasci quando não havia abismos, Não havia fontes carregadas de água; Antes que as montanhas fossem estabelecidas, Antes que as colinas existissem, eu nasci; Ele ainda não tinha feito a terra, nem os campos, nem o primeiro átomo de pó do mundo. Quando ele arrumou os céus, eu estava lá; Quando ele traçou um círculo na face do abismo, quando fixou as nuvens acima, e as fontes do abismo explodiram com força, quando deu um limite ao mar, para que as águas não cruzassem o rio. bordas, quando ele lançou as bases da terra, eu estava trabalhando com ele... "*

50. Que papel Jesus desempenhou com o Pai na criação?

Provérbios 8: 22-36

" O Senhor criou para mim a primeira das suas obras, (...) antes das suas obras mais antigas. Estou estabelecido desde a eternidade, desde o princípio, antes da origem da terra. Eu nasci quando não havia abismos, Não havia fontes carregadas de água; Quando ele lançou os alicerces da terra, **eu estava trabalhando com ele** *e deleitando-o todos os dias, brincando incessantemente em sua presença, brincando no globo terrestre e encontrando minha felicidade entre os filhos do homem. "*

51. Com que imagem de Deus Jesus também se assemelha como homem?

Colossenses 1:15 " Ele é a imagem do Deus invisível, o primogênito de toda a criação. Porque nele foram criadas todas as coisas que estão no céu e na terra, o visível e o invisível, tronos, dignidades, domínios, autoridades. Tudo foi criado por ele e para ele. Ele é antes de todas as coisas e todas as coisas subsistem nele. Ele é o cabeça do corpo da Igreja; É o começo, o primogênito dos mortos, ser o primeiro em tudo. "

52. O termo primogênito explica que Jesus foi criado antes de seu nascimento carnal a Maria? *João 17: 5*

" E agora você, Pai, glorifique-se consigo mesmo com a glória que eu tinha com você antes que o mundo existisse. "

53. E como Jesus foi criado antes que o mundo existisse?
Provérbio 8: 22-36

" O Senhor criou para mim a primeira de suas obras, antes de suas obras mais antigas. Estou estabelecido desde a eternidade, desde o princípio, antes da origem da terra. Eu nasci quando não havia abismos, Não havia fontes carregadas de água; Antes que as montanhas fossem estabelecidas, Antes que as colinas existissem, eu

nasci; Ele ainda não tinha feito a terra, nem os campos, nem o primeiro átomo de pó do mundo. Quando ele arrumou os céus, eu estava lá; Quando ele traçou um círculo na face do abismo, quando fixou as nuvens acima, e as fontes do abismo explodiram com força, quando ele deu um limite ao mar, para que as águas não cruzassem seus limites. Quando ele lançou os alicerces da terra, eu estava trabalhando ao seu lado e deleitando-o todos os dias, brincando incessantemente em sua presença, brincando no globo terrestre e encontrando minha felicidade entre os filhos do homem. E agora, meus filhos, escutem-me, E felizes aqueles que observam os meus caminhos! Ouça a instrução, para se tornar sábio, não a rejeite. Feliz é o homem que me escuta, que vigia as minhas portas todos os dias e que vigia os postes! Porque quem me encontra encontra a vida e ganha a graça do Senhor. Mas todo aquele que peca contra mim faz mal à sua alma; Todo mundo que me odeia ama a morte. "

Observação:

Vejamos as semelhanças entre esses dois textos bíblicos do Antigo e do Novo Testamento:

O texto anterior, *provérbio 8: 22-36* e o seguinte *Colossenses 1: 15*

Colossenses 1: 15-20 " Ele é a imagem do Deus invisível, o primogênito de toda a criação. Porque nele foram criadas todas as coisas que estão no céu e na terra, o visível e o invisível, tronos, dignidades, domínios, autoridades. Tudo foi criado por ele e para ele. Ele é antes de todas as coisas e todas as coisas subsistem nele. Ele é o cabeça do corpo da Igreja; É o começo, o primogênito dos mortos, ser o primeiro em tudo. Porque Deus queria que toda a plenitude habitasse nele; para ele queria reconciliar tudo consigo, tanto na terra como no céu, fazendo-lhe a paz, pelo sangue da sua cruz. "

54. Este termo primogênito também é usado no Novo Testamento? *Apocalipse 22:13*

" Eu sou o alfa e o ômega, o primeiro e o último, o começo e o fim. "

55. Quem, então, é aquele que todos os profetas viram em visão? *Deuteronômio 5: 6-11*

" Eu sou o Senhor teu Deus, que te tirou da terra do Egito, da casa da servidão. Não terá outros deuses antes de mim. Você não fará de si uma escultura, nenhuma representação das coisas que estão acima nos céus, que estão abaixo na terra e que estão nas águas abaixo da terra. Você não vai se curvar a eles ou servi-los; porque eu, o Senhor teu Deus, sou um Deus zeloso, que pune a iniqüidade dos pais nos filhos até a terceira e quarta geração daqueles que me odeiam, e que tem misericórdia por mil gerações daqueles que me amam e guardam. meus mandamentos. Não usareis mal o nome do Senhor vosso Deus; pois o Senhor não culpará ninguém que fizer mau uso de seu nome. "

Nota: Visto que Deus não pode ser visto, pode-se concluir que os mandamentos e leis que foram proclamados e proclamados foram feitos por meio dos anjos de Deus e não pelo próprio Deus.

56. O que a Bíblia diz sobre isso? Atos 7:53

" Vocês que receberam a lei de acordo com os mandamentos dos anjos e não a guardaram!... "

ANJOS AO SERVIÇO DOS HOMENS

57. Qual era a natureza dos anjos enviados por Deus aos seus profetas conforme descritos na Bíblia? Êxodo 23:20 - 24

" Eis que envio um anjo à tua frente, para te proteger no caminho e te levar ao lugar que te preparei. Fica alerta na sua presença e ouve a sua voz; não te resiste, porque ele o fará. não perdoo os teus pecados, porque o meu nome está nele. Mas se ouvires a sua voz e fizeres o que ele te diz, serei inimigo dos teus inimigos e adversário dos teus adversários. O meu anjo irá adiante de ti. e eu irá levá-lo aos amorreus, heteus, perizeus, cananeus, heveus e jebuseus, e eu os destruirei. Você não se curvará aos seus deuses, nem os servirá; você não imitará esses povos em sua conduta, mas você irá destrua-os e você destruirá suas estátuas. "

Observação:

58. Quando Josué, que estava no comando do exército de Israel, encontrou esse anjo, com que natureza ele se apresentou a ele? *Josué 5: 13-15*

" Quando Josué estava perto de Jericó, ele ergueu os olhos e olhou. Eis que um homem estava diante dele, espada desembainhada na mão. Aproximou-se dele e disse: Você é um de nós ou um de nossos inimigos? Ele respondeu: Não, mas eu sou o capitão do exército do Senhor; Vou agora. Josué caiu com o rosto no chão, prostrou-se e disse-lhe: "O que disse meu senhor ao seu servo?" E o capitão do exército do Senhor disse a Josué: "Tira os sapatos dos pés, porque o lugar em que estás é santo". E Josué fez. "

Observação:

59. Os anjos enviados por Deus também podem aparecer em forma espiritual? Vejamos: *Hebreus 1: 13-14*

" E a qual dos anjos ele disse a qualquer momento: Senta-te à minha direita, até que eu faça dos teus inimigos o teu banquinho?" Não são todos eles espíritos a serviço de Deus, enviados para

ministrar àqueles que hão de herdar a salvação? "

60. Qual é então a natureza de Deus conforme descrita na Bíblia? João 4:24

" *Deus é Espírito, e aqueles que o adoram devem adorá-lo em espírito e em verdade.* "

61. Deus muda? Malachie 3: 16

" *Porque eu sou o Senhor, eu não mudo; E vocês, filhos de Jacó, não foram consumidos.* "

Nota: Também é afirmado que Jesus nunca mudou desde que ascendeu ao céu.

62. Mas que tipo de coisa está no céu hoje? Hebreus 13: 8

" *Jesus Cristo é o mesmo ontem, hoje e sempre.* "Hebreus 9:12 " *e ele entrou no Santo dos Santos uma vez por todas, não com o sangue de bodes e bezerros, mas com seu próprio sangue, tendo obtido a redenção eterna.* "Hebreus 2: 5-9" *Na verdade, não é aos anjos que Deus sujeitou o mundo vindouro que falamos. Agora, alguém testemunhou em algum lugar isto: O que é o homem, que você se lembra dele, ou o filho do homem, que você cuida dele? Você o abaixou por um tempo sob os anjos, você o coroou de glória e honra, você colocou tudo sob seus pés. Na verdade, ao submeter todas as coisas a Ele, Deus não deixou nada que não estivesse sujeito a Ele. No entanto, ainda não vemos agora que todas as coisas estão sujeitas a ele. Mas aquele que foi rebaixado um pouco abaixo dos anjos, Jesus, vemos coroado de glória e honra pela morte que sofreu, de modo que, pela graça de Deus, ele sofreu a morte por todos. " Lucas 24: 50-51 " conduziu-os a Betânia, e levantando as mãos a bem - aventurada. Ao abençoá-los, ele se separou deles e foi levado para o céu. "*

63. O fato de Jesus estar no céu por toda a eternidade o torna igual a Deus? *Filipenses 2: 6-11*

" Tende em ti os sentimentos que havia em Jesus Cristo, que, existindo na forma de Deus, não se considerava presa a ser arrebatada de ser igual a Deus, mas esvaziou-se, assumindo a forma de servo, fazendo-se semelhante homens; e tendo aparecido como um homem simples, ele se humilhou, tornando-se obediente até a morte, até

a morte na cruz. Portanto, Deus também o exaltou com grande soberania, e deu-lhe o nome que é acima de tudo o nome, que em nome de Jesus que todo joelho se dobre no céu, e na terra e debaixo da terra, e toda língua confesse que Jesus Cristo é o Senhor, para a glória de Deus Pai ".

64. Deus se compara ao homem?

HOMEM E ANJO DE JESUS CRISTO

65. Deus permite que anjos no céu ou na terra recebam adoração? *Rev. 19: 10*

" E caí a seus pés para adorá-lo; mas ele me disse: cuidado para não fazer isso! Sou seu conservo e de seus irmãos que têm o testemunho de Jesus. Adore a Deus. N Porque o testemunho de Jesus é o espírito de profecia. "

66. Quantas vezes João foi tentado a adorar o anjo?

Apocalipse 22: 8-9

"Sou eu, Jean, que ouvi e vi essas coisas. E quando eu tinha ouvido e visto, caí aos pés do anjo que me mostrou como adorá-lo. Mas ele me disse: cuidado para não fazer isso! Eu sou seu conservo e de seus irmãos, os profetas, e daqueles que guardam as palavras deste livro. Adore a Deus. "

67. O que aconteceu com esse Jesus cujo nome o anjo mencionou

em ***"Adore a Deus, porque o testemunho de Jesus é o espírito de profecia"?*** Apocalipse 22: 10-16

" E caí a seus pés para adorá-lo; mas ele me disse: cuidado para não fazer isso! Sou seu conservo e de seus irmãos que têm o testemunho de Jesus. Louve a Deus. N Porque o testemunho de Jesus é o espírito de profecia. Então eu vi o céu se abrir e eis que apareceu um cavalo branco. Aquele que o montou é chamado de Fiel e Verdadeiro, e ele julga e luta com justiça. Seus olhos eram como uma chama de fogo; em sua cabeça havia vários diademas; ele tinha um nome escrito, que ninguém conhece, exceto ele mesmo; e ele estava vestido com uma capa manchada de sangue. Seu nome é a Palavra de Deus. Os exércitos que estão no céu o seguiram em cavalos brancos, vestidos de linho fino, branco e puro. De sua boca saiu uma espada afiada para ferir as nações; Ele os governará com uma vara de ferro; e pisará no lagar do vinho que queima a ira do Deus Todo-Poderoso. Ele tinha um nome escrito em seu manto e em sua coxa: Rei dos reis e Senhor dos senhores. "

Nota: O nome deste anjo demonstra a identidade daquele que comanda os exércitos do Senhor no céu: " *Aquele que o cavalgava chama-se Fiel e Verdadeiro, e ele julga e luta com justiça.* » Quanto ao seu supremo sacrifício « *... ele estava vestido com uma capa manchada de sangue.* " O elemento da criação do mundo e do universo retorna aqui " *Seu nome é a Palavra de Deus.* » Finalmente, de sua suprema unção de Guia Soberano dos exércitos do céu, ele ainda encontra: "*... Os exércitos que estão no céu o seguiram em cavalos brancos, cobertos de linho fino, branco e puro* "

68. E as nações cuja salvação ele fez por meio de seu sacrifício de sangue? Apocalipse 22: 10-16
" *... ele os governará com uma barra de ferro* "
Observação:

69. Ele retornará como Deus ou como Rei? Apocalipse 22: 10-16 "*... Rei dos reis e Senhor dos senhores.* "

Nota: Algumas pessoas podem ser tentadas a aplicar a seguinte passagem de *1 Timóteo* e *Apocalipse a* Deus e Jesus.

70. Isso é verdade? *1 Timóteo 6:16*

" Recomendo-lhe, perante o Deus que tudo dá vida, e perante Jesus Cristo, que fez uma bela confissão perante Pôncio Pilatos, que guarde o mandamento e viva sem mancha, sem repreensão, até a aparição de nosso Senhor Jesus Cristo., Que em seu tempo manifestará o bendito e único soberano, o Rei dos reis e o Senhor dos senhores, que é o único que possui a imortalidade, que habita em uma luz inacessível, a quem nenhum homem viu ou pode veja, a quem eles pertencem honra e poder eternos. Amém! "

71. Quem tem honra e poder eternos?

1 Timóteo 6:16

" O Rei dos reis e o Senhor dos senhores, o único que possui a imortalidade "

Nota: Diz-se que Jesus também tem todos esses atributos!

72. Mas o que diz o resto do texto? 1 Timóteo 6:16

" *Quem mora em uma luz inacessível, que nenhum homem viu ou pode ver* "

Nota: Compreendemos com esses atributos que acabamos de declarar que ele é verdadeiramente Deus!

73. Deus compartilha sua glória com um homem?

Deuteronômio 4:35 - 40 "*Destas coisas tendes testemunhado, para que saibais que o Senhor é Deus, que não há outro. Do céu, ele fez você ouvir sua voz para instruí-lo; e na terra ele mostrou a você seu grande fogo, e você ouviu suas palavras no meio do fogo. Ele amou seus pais e escolheu sua prole depois deles; ele mesmo os tirou do Egito com seu grande poder; Ele expulsou diante de vocês nações superiores em número e poder, para levá-los à sua terra e dar-lhes a posse dela, como vocês vêem hoje. Saiba, então, hoje, e lembre-se em seu coração que o Senhor é Deus no céu acima e na terra abaixo, e que não há mais ninguém. E guarda os seus estatutos e os seus mandamentos que hoje te dou, para que tu e os teus filhos sejam felizes depois de ti, e desde agora prolongue os teus dias na terra que o Senhor teu Deus te dá.* "

UM ÚNICO LÍDER DO EXÉRCITO DO SENHOR: MICAE L E JESUS

74. Que personagem Deus enviou para representá-lo perante o povo? Êxodo 23: 20-27

" *Eis que eu envio um anjo diante de ti, para te proteger no caminho, e apresentá-lo ao lugar que tenho preparado. Tenha cuidado na sua presença, e ouvir a sua voz; resistir -lhe que não, porque ele não perdoará a vossa pecados, porque meu nome está nele. Mas se você ouvir a voz dele e fizer o que ele diz, serei inimigo de seus inimigos e adversário de seus adversários. Meu anjo irá adiante de você. e eu o levarei aos amorreus, heteus, perizeus, cananeus, heveus e jebuseus, e eu os destruirei. Não se prostrará diante de seus deuses, nem os servirá; não imitará esses povos em sua conduta, mas os destruirá e esmagará suas estátuas. Você deve servir ao Senhor seu Deus e a ele Ele abençoará seu pão e sua água, e eu removerei doenças de seu meio. Não haverá aborto ou mulher estéril em sua terra. "*

75. O que Deus deu em particular a esse anjo? *Êxodo 23: 20-27*

" Eis que eu envio um anjo diante de ti, para te proteger no caminho, e apresentá-lo ao lugar que tenho preparado. Tenha cuidado na sua presença, e ouvir a sua voz; resistir -lhe que não, porque ele não perdoará a vossa pecados, porque meu nome está nele ".

76. Qual a forma deste anjo que Deus enviou a Josué? *Josué 5: 13-15*

" Quando Josué estava perto de Jericó, ele ergueu os olhos e olhou. Eis que um homem estava diante dele, espada desembainhada na mão. Aproximou-se dele e disse: Você é um de nós ou um de nossos inimigos? Ele respondeu: Não, mas eu sou o capitão do exército do Senhor; Estou vindo. Josué caiu com o rosto no chão, prostrou-se e disse-lhe: " O que disse meu senhor ao seu servo?" E o capitão do exército do Senhor disse a Josué: "Tira

os sapatos dos pés, porque o lugar em que estás é santo". E Josué fez. "

77. Como Jesus recebeu o nome de Deus? *João 1: 1-4*

" No princípio era o Verbo, e o Verbo estava com Deus, e o Verbo era Deus. Ela estava no começo com Deus. Todas as coisas foram feitas por ela, e nada do que foi feito foi feito sem ela. Nela estava a vida, e a vida era a luz dos homens. "

78. Jesus era igual a Deus Pai? *João 14:28*

" Ouviste dizer que te disse: vou embora e voltarei para ti. Se você me amasse, você se alegraria por eu ir para o Pai; porque o Pai é mais velho do que eu. "

79. Os homens também são chamados pelo nome de Deus?

João 10:35 -

" Meu Pai, que mas deu, é maior do que todos; e ninguém pode arrebatá-los das mãos de meu Pai. Eu e o Pai somos um. Os judeus pegaram

então outra vez em pedras para o apedrejar. Jesus disse-lhes: `` Muitas boas obras de meu Pai vos tenho mostrado; porque o que você me apedreja? Os judeus responderam-lhe: Não te apedrejamos por uma boa obra, mas por blasfêmia, e porque tu, que és homem, te fazes Deus. Jesus respondeu-lhes: Não está escrito na vossa lei que eu disse: Vós **sois deuses?** *Se ela chamou deuses aqueles a quem a palavra de Deus foi falada, e se a Escritura não pode ser quebrada, a quem o Pai santificou e enviou ao mundo, você dirá a ela: Você blasfema! E isso porque eu disse: Eu sou o Filho de Deus.* " - - - -

80. Na verdade, existem vários seres que são chamados pelo termo "deus" na Bíblia? 1 Coríntios 8: 5-7

" Porque se existem seres que se chamam deuses, seja no céu ou na terra, como na realidade existem vários deuses e vários senhores, porém para nós só existe um Deus, o Pai, de quem vêm todas as coisas e para quem nós são, e um só Senhor, Jesus Cristo, para quem são todas as coisas e para quem nós somos. Mas este conhecimento não está com todos. " - -

81. Jesus também é considerado um anjo?

Apocalipse 19: 11-16 " Então vi os céus se dividirem, e eis que apareceu um cavalo branco. Aquele que o montou é chamado de Fiel e Verdadeiro, e ele julga e luta com justiça. Seus olhos eram como uma chama de fogo; em sua cabeça havia vários diademas; ele tinha um nome escrito, que ninguém conhece, exceto ele mesmo; e ele estava vestido com uma capa manchada de sangue. Seu nome é a Palavra de Deus. Os exércitos que estão no céu o seguiram em cavalos brancos, vestidos de linho fino, branco e puro. De sua boca saiu uma espada afiada para ferir as nações; Ele os governará com uma vara de ferro; e pisará no lagar do vinho que queima a ira do Deus Todo-Poderoso. Ele tinha um nome escrito em seu manto e em sua coxa: Rei dos reis e Senhor dos senhores. "

82. Como e quando Jesus tomou o nome de Deus? *Isaías 9: 5-6*

" Porque uma criança nasceu para nós, uma criança nos é dada, e o governo estará em seus ombros; Ele será chamado de Maravilhoso, Conselheiro, Deus Forte, Pai

Eterno, Príncipe da Paz. Para dar crescimento ao império e paz eterna ao trono de Davi e ao seu reino, para estabelecê-lo e sustentá-lo na lei e na justiça, de agora em diante e para sempre: é o que fará o zelo do Senhor dos Exércitos. "

83. Mas que passagem nos lembra da criação de Jesus?

Provérbios 8: 22-36

" O Senhor me criou primeiro de suas obras, antes de suas obras mais antigas. Estou estabelecido desde a eternidade, desde o princípio, antes da origem da terra. Eu nasci quando não havia abismos, Não havia fontes carregadas de água; Antes que as montanhas fossem estabelecidas, Antes que as colinas existissem, eu nasci; Ele ainda não tinha feito a terra, nem os campos, nem o primeiro átomo de pó do mundo. Quando ele arrumou os céus, eu estava lá; Quando traçou um círculo na face do abismo, quando fixou as nuvens acima, e as fontes do abismo explodiram com força, quando deu um limite ao mar, para que as águas não ultrapassassem os seus limites. Quando ele lançou os alicerces da terra, eu trabalhava ao seu

lado e o deleitava todos os dias, brincando incessantemente em sua presença, brincando no globo terrestre e encontrando minha felicidade entre os filhos do homem. E agora, meus filhos, escutem-me, E felizes aqueles que observam os meus caminhos! Ouça a instrução, para se tornar sábio, não a rejeite. Feliz é o homem que me escuta, que vigia as minhas portas todos os dias e que vigia os postes! Porque quem me encontra encontra a vida e ganha a graça do Senhor. Mas todo aquele que peca contra mim faz mal à sua alma; Todo mundo que me odeia ama a morte. "

84. Jesus teve um começo? Colossenses 1:15 - 23

" Ele é a imagem do Deus invisível, o primogênito de toda a criação. Porque nele foram criadas todas as coisas que estão no céu e na terra, o visível e o invisível, tronos, dignidades, domínios, autoridades. Tudo foi criado por ele e para ele. Ele é antes de todas as coisas e todas as coisas subsistem nele. Ele é o cabeça do corpo da Igreja; É o começo, o primogênito dos mortos, ser o primeiro em tudo. Porque Deus queria que toda

a plenitude habitasse nele; para ele queria reconciliar tudo consigo, tanto na terra como no céu, fazendo-lhe a paz, pelo sangue da sua cruz. "

85. Houve outra consideração sobre a natureza de Jesus nos dias dos apóstolos? *1 João 4: 1-6*

" Amado, não tenha fé em todos os espíritos; mas teste os espíritos, se eles são de Deus, porque muitos falsos profetas vieram ao mundo. Reconheça o Espírito de Deus assim: todo espírito que confessa que Jesus Cristo veio em carne é de Deus; e todo espírito que não confessa a Jesus não é de Deus, é do anticristo, cuja vinda ouvistes e que já está no mundo. Vocês, netos, são de Deus e vocês os conquistaram, porque quem está em vocês é maior do que quem está no mundo. Eles são do mundo; portanto, eles falam de acordo com o mundo, e o mundo os ouve. Nós somos de Deus; Aquele que conhece a Deus nos ouve; quem não é de Deus não nos ouve: por isso conhecemos o espírito da verdade e o espírito do erro. "

86. Qual era a natureza do Jesus que foi pregado por Paulo?

1 Timóteo 2: 5-7

" Porque só há um Deus e também um só Mediador entre Deus e os homens, Jesus Cristo, o homem, que se deu em resgate por todos. Este é o testemunho dado em seu próprio tempo, e para o qual fui nomeado pregador e apóstolo: Digo a verdade, não minto, instruído a instruir os gentios na fé e na verdade. "

87. Existe algum risco quando você considera que Jesus não é um homem? 2 João 1: 7-11:

" Porque muitos enganadores entraram no mundo, os quais não confessam que Jesus Cristo veio em carne. Aquele que é assim é o sedutor e o anticristo. Cuidem-se, não para perder o fruto do seu trabalho, mas para receberem uma recompensa plena. Quem vai mais longe e não permanece na doutrina de Cristo, não tem Deus; quem segue esta doutrina tem o Pai e o Filho. Se alguém vier até você e não trouxer essa doutrina, não o receba em casa e não diga: Olá! Para quem diz: Olá! Participe de suas más ações. "

88. O que é 666? *2 Tessalonicenses 2: 3-4*

" Que ninguém te engane de forma alguma; porque a apostasia deve ter acontecido antes, e o homem do pecado deve ter aparecido, o filho da perdição, o adversário que se eleva acima de tudo que se chama Deus ou que adoramos, até se sentar no templo de Deus, proclamando-se Deus. » (Recomendamos a lição que dedica toda a explicação deste número 666 na Quarta Lição: *O Grande Sinal da Besta, o" 666 "revelado).*

89. Como o mundo inteiro já recebeu este sinal da Besta? *Apocalipse 13: 16-18*

" E ele fez com que todos, pequenos e grandes, ricos e pobres, livres e escravos, recebessem uma marca na mão direita ou na testa, e que ninguém pudesse comprar ou vender, sem ter a marca, o nome da besta. Ou o nome da besta. Número de seu nome. Aqui está a sabedoria. Que quem tem, calcule o número da besta. Porque é o número de

um homem, e seu número é seiscentos e sessenta e seis. "

DEPÓSITO!

- **Como será o Le Monde Entier este sinal da Besta " o 666 " em sua testa?**
- **Como o Le Monde Entier vai receber este signo da Besta " o 666 " em suas mãos?**
- **Tem certeza de que ainda não captou este sinal da Besta " o 666 "?**

RECOMENDAÇÕES!

Recomendamos também os sete tópicos principais desta série de estudos bíblicos, tratando em particular das questões levantadas acima, a fim de alertá-lo sobre o risco de tomar o sinal da Besta, o " 666 ".

1. *O fim do mundo na Bíblia e o sinal da besta, o " 666 ".*
2. *O grande sinal da besta, o (666) revelado.*
3. *Os dez mandamentos de Deus e a salvação em Jesus Cristo.*
4. *Como os homens receberam a marca (666) da besta na testa?*
5. *Como os homens pegaram o sinal (666) da besta nas mãos?*
6. *Aqui está o grande sinal do fim dos tempos e da volta de Jesus Cristo.*

7. A última igreja, os 144.000, o retorno do Senhor Jesus Cristo e a eternidade.

Recomendamos fortemente que você estude toda a coleção da série " **Deixe o leitor prestar atenção!** ", Consulte o conteúdo.

CONCLUSÃO

Ep hesians 1: 15-17 " *Portanto, eu também, tendo ouvido falar da vossa fé no Senhor Jesus e do seu amor para que todos os santos dêem graças por vós, não cesso, lembrando-me de vós nas minhas orações, para que o Deus dos nossos Senhor Jesus Cristo, o Pai da glória, dá-te o espírito de sabedoria e revelação, no seu conhecimento* "1 Coríntios 15: 21-28" *Porque assim como a morte veio por um homem, também por um homem veio a morte. Ressurreição dos mortos. E assim como todos morrem em Adão, também todos viverão em Cristo, mas cada um em sua própria categoria. Cristo como as primícias, então aqueles que pertencem a Cristo em sua vinda. Então o fim virá, quando Ele entregar o reino a Deus e o Pai, depois de destruir todo domínio, autoridade e poder. Porque ele deve reinar até que tenha colocado todos os inimigos sob seus pés. O último inimigo a ser destruído é a morte. Deus, de fato, colocou tudo sob seus pés. Mas quando ele diz que tudo está sujeito a ele, é evidente que aquele que lhe sujeitou todas as coisas está excluído. E quando todas as coisas lhe estiverem sujeitas, então o próprio Filho se sujeitará àquele que todas as coisas lhe sujeitou, para que Deus seja tudo em todos. "Mateus 27: 23-46" O governador disse: Mas que mal fez ele? E gritaram ainda mais alto: Crucifica-o! Pilatos, vendo que não ganhava nada, mas que o tumulto aumentava, tomou água, lavou as mãos na presença da multidão e disse: Estou inocente do sangue deste justo. Você decide. E todo o povo dizia: Seu sangue caia sobre nós e sobre nossos filhos! Pilatos entregou Barrabás para eles; e depois de açoitar Jesus, ele o entregou para ser crucificado. Os soldados do governador levaram Jesus ao pretório e reuniram toda a multidão em torno dele. Eles tiraram suas roupas e o cobriram com um manto escarlate. Eles trançaram uma coroa de espinhos, colocaram em sua cabeça e colocaram uma cana em sua mão direita; então, ajoelhando-se diante dele, zombavam dele, dizendo: Salve, rei dos judeus! E cuspiram nele, pegaram a cana e bateram na cabeça dele. Depois de caçoar dele, eles tiraram sua capa, vestiram suas roupas e o levaram para ser crucificado. Quando eles saíram, eles encontraram um homem de Cirene, chamado Simão, e o forçaram a carregar a cruz de Jesus. Chegando ao lugar chamado Gólgota, que significa lugar da caveira, deram-lhe para beber vinho misturado com fel; mas quando o provou, não quis beber. Depois de crucificá-lo, dividiram suas vestes entre si, lançando sortes, para que se cumprisse o que o profeta havia anunciado: dividiram minhas vestes entre si e lançaram sortes sobre minha túnica. Então eles se sentaram e o seguraram. Para indicar o assunto de sua condenação, estava escrito em sua cabeça: Este é Jesus, o Rei dos Judeus. Com ele crucificaram dois ladrões, um à sua direita e outro à sua esquerda. Os transeuntes o amaldiçoaram e balançaram a cabeça, dizendo: Você que destrói o templo e o constrói em três dias, salve a si mesmo. Se você é o Filho de Deus, desça da cruz! Os principais sacerdotes, junto com os escribas e os anciãos, também zombaram dele e disseram: Outros ele salvou e não pode salvar a si mesmo. Se ele é o Rei de Israel, desça da cruz e acreditaremos nele. Confio em Deus; Deus o livre agora, se ele o ama. Porque ele disse: Eu sou o Filho de Deus. Os ladrões, crucificados com ele, o insultaram da mesma forma. Da hora sexta à hora nona, houve trevas em toda a terra. E por volta da hora nona, Jesus gritou em alta voz: Eli, Eli, lama sabactani? Quer dizer: meu Deus, meu Deus, por que me abandonaste? "Apocalipse 1: 3-8 -" Bem-aventurado aquele que lê e aqueles que ouvem as palavras da profecia e guardam as coisas que nela estão escritas! Porque o momento está chegando. João às sete igrejas que estão na Ásia: Graça e paz a vós, da parte daquele que é, era e há de vir, e dos sete espíritos que estão diante do seu trono, e o de Jesus Cristo, a fiel testemunha, o primogênito dos mortos e príncipe dos reis da terra. Àquele que nos ama, que com o seu sangue nos libertou dos nossos pecados e que nos fez reino, sacerdotes de Deus seu Pai, a ele seja glória e poder para todo o sempre. Um homem! Eis que vem com as nuvens. E todo olho o verá, mesmo aqueles que o perfuraram; e todas as tribos da terra lamentarão por ele. sim. Um homem! Eu sou o Alfa e o Ômega, diz o Senhor Deus, que é, quem foi e que há de vir, o Todo-Poderoso. "*

RESUMO

INTRODUÇÃO

1. *Qual foi o risco que ele correu durante a vida de Jesus sobre sua natureza?* 1 john 4

2. *De quem vem o ensino de Jesus Cristo, o homem?* 1 john 4

3. *Como são reconhecidos os que pertencem a Deus?* 1 john 4

4. *Quando o ensino de outro Jesus iria aparecer?*

5. *Quais qualificadores são atribuídos a eles?* 2 João 7

6. *Como enganadores, eles ainda são chamados, a quem eles seguem em seus ensinamentos?* 2 João 7

7. *O que significa o termo " esta doutrina " referem-se em* 2 João 7? 1 Timóteo 2: 5-7

8. *Qual era também o nome do próprio Jesus?* Mathieu 8: 20

9. *Quantas vezes ele é chamado pelo nome de Filho do Homem?*

10. *Como entender esse poder demonstrado no Filho de Deus?* João 1: 1

11. *Mas qual era sua natureza antes de aparecer aos homens?* Provérbio 8: 1-22

12. *Jesus nasceu? Você conheceu um começo? Uma criação como todos os seres?* Provérbio 8: 1-22

13. *Foi antes da criação das montanhas da terra?* Provérbio 8: 1-22

14. *Foi antes da criação do céu?* Provérbio 8: 1-22

15. *O que ele estava fazendo com Deus?* Provérbio 8: 1-22

16. *Como Ele estava na Terra na presença do Pai Celestial antes da criação do Homem?* Provérbio 8: 1-22

17. *O que Jesus chama aqueles que lhe obedecem?* Provérbio 8: 1-22

18. *Como Jesus se classifica nesta passagem antes de aparecer aos filhos dos homens?* Provérbios 8: 1-21

19. *Que riscos correm aqueles que não dão ouvidos a essa doutrina do homem Jesus Cristo?*

20. Provérbio 8: 1-22

21. *E a quem esse anticristo seria anunciado na passagem anterior?* 1 João 4: 1-3

22. *E quais serão os riscos que os humanos assumirão?*

23. *Que ensino eles tinham nas igrejas quando Paulo pregou o evangelho?* 1 Timóteo 2: 4-5

24. *Os demônios sabem que existe apenas um Deus?* Tiago 2:19

25. *Quando ele ressuscitou, ele ainda tinha uma forma humana?* Lucas 24: 36-41

26. ***Cristo mudou sua natureza desde sua ressurreição?*** Hebreus 13: 8

27. ***Sua natureza mudará para a eternidade?*** Hebreus 7:24

28. *Jesus também é chamado de profeta?* Deuteronômio 18:15 - 19

29. ***No entanto, qual é a natureza de Deus? E como é ser adorado?***

30. João 4: 20-24

31. *Deus revelou uma natureza visível aos homens no passado?*

32. Deuteronômio 4:14 - 20

33. *O termo deus também é determinado para os homens?* Êxodo 7: 1-6

34. *E depois o quê?* Atos 7: 30-32

35. *Um homem pode ver diretamente o Deus da Bíblia?* Êxodo 33: 20

36. *Então, o que todos aqueles na Bíblia que foram espiritualmente transportados para o céu viram?* Atos 7: 55 - 56

37. *Esteban*

38. *Paulo de Tarso* 2 Coríntios 12: 1-5

39. *João de* Apocalipse 1: 12-18

40. ***Isaías***

41. *Jeremias*

42. *Ezequiel*

43. *Por que o homem não pode ver Deus?* Êxodo 33: 20

44. *Existe um único homem cuja Bíblia diz que viu Deus?*

João 6:46

45. *Os apóstolos pediram para ver o Pai em Jesus?* João 14: 8 - 9

46. *Como entender o significado desta palavra de Jesus?* João 10:30

47. *O termo primogênito explica que Jesus foi criado antes de seu nascimento carnal a Maria?* Provérbio 8: 22-36

48. *Vejamos as semelhanças entre os dois textos bíblicos do Antigo e do Novo Testamento:* Provérbios 8: 22-36 e Colossenses 1: 15.

49. *Este termo primogênito também é usado no Novo Testamento?* Apocalipse 22:13

50. *Quem, então, é aquele que todos os profetas viram em visão?*

51. Deuteronômio 5: 6-11

52. *O que a Bíblia diz sobre isso?* Atos 7:53

53. *Qual era a natureza dos anjos enviados por Deus a seus profetas, conforme descrito na Bíblia?* Êxodo 23:20 - 24

54. *Quando Josué, liderando o exército de Israel, encontrou esse anjo, como ele se apresentou a Josué?* Josué 5: 13-15

55. *Os anjos enviados por Deus também podem vir em forma espiritual. Vejamos:* Hebreus 1: 13-14

56. *Então, qual é a natureza de Deus conforme descrita na Bíblia?* João 4:24

57. *Deus muda?* Malachie 3: 16

58. *Mas que tipo de coisa está no céu hoje?* Hebreus 13: 8

59. *O fato de Jesus estar no céu por toda a eternidade o torna igual a Deus?* Filipenses 2: 6-11

60. *Deus se compara ao homem?*

61. *Deus permite que os anjos no céu ou na terra recebam adoração?* Rev. 19: 10

62. *Quantas vezes João foi tentado a adorar o anjo?* Apocalipse 22: 8-9

63. *O que aconteceu com esse Jesus cujo nome o anjo mencionou em* "Adore a Deus, porque o testemunho de Jesus é o espírito de profecia"? Apocalipse 22: 10-16

64. *E as nações cuja salvação ele alcançou por meio de seu sacrifício de sangue?* Apocalipse 22: 10-16

65. *Ele vai voltar como Deus ou como Rei?* Apocalipse 22: 10-16

66. *Isso é verificado como tal?* 1 Timóteo 6:16

67. *Quem possui honra e poder eternos?* 1 Timóteo 6:16

68. *Mas o que diz o resto do texto?* 1 Timóteo 6:16

69. *Deus compartilha sua glória com um homem?* Deuteronômio 4:35 - 40

70. *UM ÚNICO LÍDER DO EXÉRCITO DO SENHOR: MIGUEL E JESUS*

71. *Que personagem Deus enviou para representá-lo perante o povo?*

72. Êxodo 23: 20-27

73. *O que Deus deu a este anjo em particular?* Êxodo 23: 20-27
74. *Que forma esse anjo que Deus enviou a Josué assumiu?* Josué 5: 13-15
75. *Como Jesus recebeu o nome de Deus?* João 1: 1-4
76. *Jesus era igual a Deus Pai?* João 14:28
77. *Os homens também são chamados pelo nome de Deus?* João 10:35
78. *Na verdade, existem vários seres que são chamados pelo termo "deus" na Bíblia?* 1 Coríntios 8: 5-7
79. *Jesus também é considerado um anjo?* Apocalipse 19: 11-16
80. *Como e quando Jesus tomou o nome de Deus?* Isaías 9: 5-6
81. *Mas Jesus também foi criado por Deus?* Provérbios 8: 22-36
82. *Jesus teve um começo?* Colossenses 1:15 - 23
83. *Houve outra consideração sobre a natureza de Jesus nos dias dos apóstolos?*
84. 1 João 4: 1-6
85. *Qual era a natureza do Jesus que Paulo pregou?* 1 Timóteo 2: 5-7

86. *Existe algum risco quando Jesus é visto como algo diferente de um homem?*

87. *2 João 1: 7-11*

88. *O que é 666? 2 Tessalonicenses 2: 3-4*

89. *Como o mundo inteiro vai aceitar esse sinal da Besta?*

90. *Apocalipse 13: 16-18*

91. ***DEPÓSITO!***

92. *NA MESMA COLEÇÃO DE ESTUDOS BÍBLICOS:*

93. *RESUMO*

NA MESMA COLEÇÃO DE ESTUDOS BÍBLICOS:

1. A PROFECIA MAIS LONGA DA BÍBLIA; TÍTULO I, O BATISMO DE JESUS CRISTO, O ANÚNCIO DO SÃO DOS SANTOS.
2. A PROFECIA MAIS LONGA DA BÍBLIA; TÍTULO II, A PURIFICAÇÃO DO SANTUÁRIO, SATANÁS É CAÇADO DO CÉU.
3. O FIM DO MUNDO NA BÍBLIA E NO SINAL DA BESTA, O " 666 ".
4. O GRANDE SINAL DA BESTA, O (666) REVELADO.
5. COMO OS HOMENS JÁ TOMARAM O SINAL (666) DA BESTA DA FRENTE?
6. COMO OS HOMENS JÁ TOMARAM (666) O SINAL DA BESTA NA MÃO?
7. OS DEZ MANDAMENTOS DE DEUS E A SALVAÇÃO EM JESUS CRISTO.
8. OS TEMPOS, O PECADO DE JUDAS NA IGREJA CONTEMPORÂNEA APOSTASIADA.

9. QUAIS SÃO OS OUTROS SINAIS DA BESTA?
10. O FUNCIONAMENTO DA IGREJA APÓSTATA.
11. PARAÍSO E ESPERANÇA CRISTÃ.
12. A IGREJA, OS CRISTÃOS.
13. QUEM É O VERDADEIRO DEUS?
14. HÁ UM DEUS!
15. HÁ UM SENHOR!
16. HÁ UM ESPÍRITO!
17. EXISTE APENAS UMA FÉ!
18. HÁ ESPERANÇA!
19. HÁ UM CORPO!
20. EXISTE APENAS UM BATISMO!
21. O SELO DE DEUS NO APOCALIPSE.
22. O SELO DO DIABO NO APOCALIPSE.
23. DIA QUANDO o Vaticano, a grande prostituta, a mãe do NECESSÁRIO será destruído.
24. AQUI ESTÁ O GRANDE SINAL DO FIM DOS TEMPOS E DO RETORNO DE JESUS DA PARTE DE CRISTO.

25. O MOVIMENTO ISLÂMICO DESCRITO NO LIVRO DA REVELAÇÃO.
26. A ÚLTIMA IGREJA, OS 144.000, O RETORNO DO SENHOR JESUS CRISTO E A ETERNIDADE.
27. VIGÉSIMA SÉTIMA ESCRITURA: O TESTEMUNHO. VIDA E TESTEMUNHOS CRISTÃOS!

Printed by Books on Demand GmbH, Norderstedt / Germany